Villains
Running Vocabulary
for the 2019-2022 IB Exam

Nikki Carroll

Table of Contents

1. Vergil, *Aeneid* X.689-746 SL lines   5

2. Livy, *Ab Urbe Condita* I.57-60 SL sections   10

3. Sallust, *Bellum Catilinae* 1-2, 5-9 SL sections   24

4. Livy, *Ab Urbe Condita* III.44-48 HL sections   37

IB SL Vergil Lines

VOCABULARY	**Vergil, *Aeneid* X.689-768**
689 interea, *meanwhile* monitum, -i, n., *warning* ardeo, -ēre, arsi, arsus, *to burn* 690 succedo, -ere, successi, successus, *to advance* invado, -ere, invasi, invasus, *to attack* ovo, -are, -avi, -atus, *to rejoice* 691 acies, -ei, f., *battle line* 692 odium, -i, n., *hatred* telum, -i, n., *weapon* insto, -are, institi, (+dat), *to pursue* 693 velut, *just like* rupes, -is, f., *cliff* prodo, -ere, -idi, -itus, *to project* aequor, -is, n., *sea* 694 obvius, -a, -um, *exposed* ventus, -i, m., *wind* furia, -ae, f., *fury* expostus, -a, -um, *exposed* pontus, -i, m., *sea* 695 vis, vis, f., *strength* cunctus, -a, -um, *all* mina, -ae, f., *threat* perfero, -ferre, -tuli, -latus, *to endure* 696 prolis, -is, f., *offspring* 697 sterno, -ere, stravi, stratus, *to lay out* humi, *on the ground* fugax, fugacis, *swift* 698 saxum, -i, n., *rock* 699 occupo, -are, -avi, -atus, *to attack* facies, -ei, f., *face* adversus, -a, -um, *hostile* poples, poplitis, m., *knee*	At Iovis interea monitis Mezentius ardens succedit pugnae Teucrosque invadit ovantes. 690 concurrunt Tyrrhenae acies atque omnibus uni, uni odiisque viro telisque frequentibus instant. ille (velut rupes vastum quae prodit in aequor, obvia ventorum furiis expostaque ponto, vim cunctam atque minas perfert caelique marisque 695 ipsa immota manens) prolem Dolichaonis Hebrum sternit humi, cum quo Latagum Palmumque fugacem, sed Latagum saxo atque ingenti fragmine montis occupat os faciemque adversam, poplite Palmum

700	succido, -ere, -i, succisus, *to cut down* volvo, -ere, -i, volutus, pass., *to grovel, roll on the ground* segnis, -e, *slow* sino, -ere, sivi, situs, *to allow*	succiso volvi segnem sinit, armaque Lauso 700
701	umerus, -i, m., *shoulder* vertex, verticis, m., *head* figo, -ere, fixi, fixus, *to fasten* crista, -ae, f., *(helmet) plume*	donat habere umeris et vertice figere cristas.
		nec non Euanthen Phrygium Paridisque Mimanta
703	aequalis, -is, m., *contemporary* comes, comitis, m., *companion*	aequalem comitemque, una quem nocte Theano
704	genitor, -is, m., *father* fax, facis, f., *torch* praegnas, praegnatis, *pregnant*	in lucem genitore Amyco dedit et face praegnas
		Cisseis regina Parim; Paris urbe paterna 705
706	occubo, -are, -ui, -itus, *to lie dead* ignarus, -a, -um, *strange* ora, -ae, f., *shore*	occubat, ignarum Laurens habet ora Mimanta.
707	velut, *just like* morsus, -ūs, m., *bite*	ac velut ille canum morsu de montibus altis
708	aper, apri, m., *wild boar* pinifer, -a, -um, *pine-bearing*	actus aper, multos Vesulus quem pinifer annos
709	palus, paludis, f., *marsh*	defendit multosque palus Laurentia silva
710	pasco, -ere, pavi, pastus, *to feed* harundineus, -a, -um, *of reeds* rete, -is, n., *snare*	pascit harundinea, postquam inter retia ventum est, 710
711	subsisto, -ere, substiti, *to halt* infremo, -ere, -ui, *to roar* ferox, ferocis, *wild* inhorresco, -ere, inhorrui, *to bristle* armus, -i, m., *flank*	substitit infremuitque ferox et inhorruit armos,
712	quisquam, *anyone* irascor, -i, iratus sum, *to get angry* proprius, *closer* accedo, -ere, accessi, accessus, *to approach*	nec cuiquam irasci propiusve accedere virtus,

713 iaculum, -i, n., *javelin* tutus, -a, -um, *safe* insto, -are, institi, *to pursue* 714 impavidus, -a, -um, *unafraid* cunctor, -ari, -atus sum, *to delay* 715 infrendo, -ere, *to gnash teeth* tergum, -i, n., *back* decutio, -ere, decussi, decussus, *to shake off* hasta, -ae, f., *spear* 716 haud aliter, *no differently* 717 ullus, -a, -um, *any* stringo, -ere, strinxi, strictus, *to draw* concurro, -ere, concucurri, concursus, *to fight* 718 longe, *from far off* lacesso, -ere, -ivi, -itus, *to attack* 719 finis, -is, m., *territory* 720 infectus, -a, -um, *incomplete* linquo, -ere, liqui, lictus, *to leave behind* profugus, -i, m., *refugee* hymenaeus, -i, m., *wedding* 721 misceo, -ēre, -ui, mixtus, *to mix* agmen, agminis, n., *troops* 722 penna, -ae, f., *feather* pactus, -a, -um, *agreed upon* ostrum, -i, n., *purple garment* 723 impastus, -a, -um, *hungry* stabulum, -i, n., *den* ceu, *like* peragro, -are, -avi, -atus, *to scour*	sed iaculis tutisque procul clamoribus instant; ille autem impavidus partes cunctatur in omnes 717 dentibus infrendens et tergo decutit hastas: 718 haud aliter, iustae quibus est Mezentius irae, 714 non ulli est animus stricto concurrere ferro. 715 missilibus longe et vasto clamore lacessunt. 716 Venerat antiquis Corythi de finibus Acron, 719 Graius homo, infectos linquens profugus hymenaeos. 720 hunc ubi miscentem longe media agmina vidit, purpureum pennis et pactae coniugis ostro, impastus stabula alta leo ceu saepe peragrans

724 suadeo, -ēre, suasi, suasus, *to urge* vesanus, -a, -um, *wild* fames, -is, f., *hunger* forte, *by chance* fugax, fugacis, *swift* 725 caprea, -ae, f., *deer* cornus, -ūs, n., *horn* cervus, -i, m., *stag* 726 hio, -are, -avi, -atus, *to gape* immane, *widely* arrigo, -ere, arrexi, arrectus, *to stand on end* 727 viscer, -is, n., *entrails* incumbo, -ere, -ui, -itus, *to lean over* lavo, -are, -i, lautus, *to soak* improbus, -a, -um, *wicked* taeter, taetra, taetrum, *foul* 728 cruor, -is, m., *blood* 729 sic, *in this way* ruo, -ere, -i, -tus, *to rush* alacer, alacris, *eager* 730 sterno, -ere, stravi, stratus, *to lay out* calx, calcis, m., *heel* ater, atra, atrum, *dark* 731 tundo, -ere, tutudi, tusus, *to beat* humus, -i, f., *ground* telum, -i, n., *weapon* cruento, -are, -avi, -atus, *to stain with blood* 732 idem, eadem, idem, *the same* haud, *not* dignor, -ari, -atus sum, *to think worthy* 733 sterno, -ere, stravi, stratus, *to lay out* caecus, -a, -um, *secret* cuspis, cuspidis, f., *spear* 734 obvius, -a, -um, *hostile* adversus, -a, -um, *facing* occurro, -ere, -i, (+dat), *to run up to meet*	(suadet enim vesana fames), si forte fugacem conspexit capream aut surgentem in cornua cervum, 725 gaudet hians immane comasque arrexit et haeret visceribus super incumbens; lavit improba taeter ora cruor— sic ruit in densos alacer Mezentius hostes. sternitur infelix Acron et calcibus atram 730 tundit humum exspirans infractaque tela cruentat. atque idem fugientem haud est dignatus Oroden sternere nec iacta caecum dare cuspide vulnus; obvius adversoque occurrit seque viro vir

735 confero, -ferre, -tuli, -latus, *to match oneself against* haud, *not* furtum, -i, n., *stealth* 736 abicio, -ere, abieci, abiectus, *to cast down* nitor, -i, nixus sum, *to press upon* hasta, -ae, f., *spear* 737 temno, -ere, *to scorn* altus, -a, -um, *noble* 738 socius, -i, m., *ally* paean, -is, m., *victory hymn* 739 quicumque, *whoever* inultus, -a, -um, *unavenged* 740 laetor, -ari, -atus sum, *to rejoice* 741 par, paris, *equal, like* idem, eadem, idem, *the same* arvum, -i, n., *land* 742 subrideo, -ere, subrisi, subrisus, *to smile* 743 morior, -i, mortuus sum, *to die* ast, *but* 744 telum, -i, n., *spear* 745 olli = illi durus, -a, -um, *harsh* quies, quietis, f., *rest* urgeo, -ēre, ursi, *to press* 746 claudo, -ere, clausi, clausus, *to close*	contulit, haud furto melior sed fortibus armis. 735 tum super abiectum posito pede nixus et hasta: 'pars belli haud temnenda, viri, iacet altus Orodes.' conclamant socii laetum paeana secuti; ille autem exspirans: 'non me, quicumque es, inulto, victor, nec longum laetabere; te quoque fata 740 prospectant paria atque eadem mox arva tenebis.' ad quem subridens mixta Mezentius ira: 'nunc morere. ast de me divum pater atque hominum rex viderit.' hoc dicens eduxit corpore telum. olli dura quies oculos et ferreus urget 745 somnus, in aeternam clauduntur lumina noctem.

IB SL Livy Passages

VOCABULARY	**Livy, *Ab Urbe Condita* I.57-60**

57.1 aetas, aetatis, f., *time*
    cum...tum, *not only...but also*
    delenio, -ire, -ivi, -itus, *to soothe*
    dito, -are, -avi, -atus, *to enrich*
    divitia, -ae, f., *riches*
    exhaurio, -ire, exhausi, exhaustus, *to impoverish*
    faber, fabri, m., *workman*
    gens, gentis, f., *people*
    indignor, -ari, -atus sum, *to resent*
    infestus, -a, -um, *hostile*
    is, ea, id, *that*
    ministerium, -i, n., *work*
    opus, operis, n., *work*
    praeda, -ae, f., *booty*
    praepollens, praepollentis, *very strong*
    praeter (+acc), *besides*
    studeo, -ēre, -ui, *to be eager*
    superbia, -ae, f., *arrogance*
    tam, *so*
57.2 coepio, -ere, -i, -tus, *to begin*
    impetus, -ūs, m., *assault*
    munitio, munitionis, f., *fortification*
    obsidio, obsidionis, f., *siege*
    parum, *insufficient*
    procedo, -ere, processi, processus, *to appear*
    tempto, -are, -avi, -atus, *to attempt*
	[57] 1 Ardeam Rutuli habebant, gens, ut in ea regione atque in ea aetate, divitiis praepollens; eaque ipsa causa belli fuit, quod rex Romanus cum ipse ditari, exhaustus magnificentia publicorum operum, tum praeda delenire popularium animos studebat, praeter aliam superbiam regno infestos etiam quod se in fabrorum ministeriis ac servili tam diu habitos opere ab rege indignabantur.
	
	2 Temptata res est, si primo impetu capi Ardea posset: ubi id parum processit, obsidione munitionibusque coepti premi hostes.

57.3 acer, acris, *sharp* comisatio, comisationis, f., *drinking party* commeatus, -ūs, m., *furlough* convivium, -i, n., *dinner party* fio, fieri, factus sum, *to happen* interdum, *sometimes* liber, -a, -um, *free* otium, -i, n., *leisure* primoris, -is, m., *man of first rank* regius, -a, -um, *royal* stativus, -a, -um, *permanent* tero, -ere, trivi, tritus, *to wear away* 57.4 apud (+acc), *in the quarters of* forte, *by chance* incido, -ere, -i, incasus, *to happen* mentio, mentionis, f., *mention* poto, -are, -avi, -atus, *to drink* 57.5 accendo, -ere, -i, accensus, *to enflame* certamen, certaminis, n., *competition* inde, *then* mirus, -a, -um, *wonderful* modus, -i, m., *way* nego, -are, -avi, -atus, *to deny* opus est (+dat), *there is need* pauci, -ae, -a, *few* praesto, -are, -avi, -atus, *to surpass* quantum, *how much* quisque, *each*	3 In his stativis, ut fit longo magis quam acri bello, satis liberi commeatus erant, primoribus tamen magis quam militibus; regii quidem iuvenes interdum otium conviviis comisationibusque inter se terebant. 4 Forte potantibus his apud Sex. Tarquinium, ubi et Collatinus cenabat Tarquinius, Egeri filius, incidit de uxoribus mentio. 5 Suam quisque laudare miris modis; inde certamine accenso Collatinus negat verbis opus esse; paucis id quidem horis posse sciri quantum ceteris praestet Lucretia sua.

57.6 conscendo, -ere, -i, conscensus, *to climb up on* ingenium, -i, n., *nature* inviso, -ere, -i, -us, *to go to see* iuventa, -ae, f., *youth* praesens, praesentis, *in person* quin, *why not* 57.7 necopinatus, -a, -um, *unexpected* occurro, -ere, -i, -sus, (+dat), *to meet* quisque, *each* spectatus, -a, -um, *proved* 57.8 avolo,-are, -avi, -atus, *to fly off* cito, -are, -avi, -atus, *to urge on* incalesco, -ere, incalui, *to become heated* sane, *of course* 57.9 aedis, -is, f., *house* aequalis, -is, f., *friend* deditus, -a, -um, *devoted* haudquaquam, *not at all* inde, *from there* intendo, -ere, -i, tententus, *to stretch* lana, -ae, f., *wool* lucubro, -are, -avi, -atus, *to work by lamp light* nurus, -ūs, f., *daughter-in-law* pergo, -ere, perrexi, perrectus, *to proceed* pervenio, -ire, -i, *to arrive* quo, *to that place* serus, -a, -um, *late* tenebra, -ae, f., *darkness* tero, -ere, trivi, tritus, *to wear away*	6 "Quin, si vigor iuventae inest, conscendimus equos invisimusque praesentes nostrarum ingenia? 7 Id cuique spectatissimum sit quod necopinato viri adventu occurrerit oculis." 8 Incaluerant vino; "Age sane" omnes; citatis equis avolant Romam. 9 Quo cum primis se intendentibus tenebris pervenissent, pergunt inde Collatiam, ubi Lucretiam haudquaquam ut regias nurus, quas in convivio luxuque cum aequalibus viderant tempus terentes sed nocte sera deditam lanae inter lucubrantes ancillas in medio aedium sedentem inveniunt.

57.10 certamen, certaminis, n., *competition* laus, laudis, f., *praise* muliebris, -e, *womanly* penes (+acc), *belonging to* 57.11 benigne, *kindly* comiter, *courteously* excipio, -ere, excepi, exceptus, *to receive* maritus, -i, m., *husband* 57.12 castitas, castitatis, f., *chastity* cum...tum, *not only...but also* forma, -ae, f., *beauty* ibi, *there* incito, -are, -avi, -atus, *to urge on* libido, libidinis, f., *desire, lust* stupro, -are, -avi, -atus, *to have sex* vis, vis, f., *force, violence* 57.13 castra, -orum, n.pl., *camp* iuvenalis, -e, *youthful* 58.1 comes, comitis, m., *companion* inscius, -a, -um, *not knowing* pauci, -ae, -f, *few* 58.2 ardeo, -ēre, arsi, arsus, *to burn* consilium, -i, n., *plan* hospitalis, -e, *for a guest* ignarus, -a, -um, *unaware* sopio, -ire, -ivi, -itus, *to cause to sleep* tutus, -a, -um, *safe*	10 Muliebris certaminis laus penes Lucretiam fuit. 11 Adveniens vir Tarquiniique excepti benigne; victor maritus comiter invitat regios iuvenes. 12 Ibi Sex. Tarquinium mala libido Lucretiae per vim stuprandae capit; cum forma tum spectata castitas incitat. 13 Et tum quidem ab nocturno iuvenali ludo in castra redeunt. [58] 1 Paucis interiectis diebus Sex. Tarquinius inscio Collatino cum comite uno Collatiam venit. 2 Ubi exceptus benigne ab ignaris consilii cum post cenam in hospitale cubiculum deductus esset, amore ardens, postquam satis tuta circa sopitique omnes videbantur,

morior, -i, mortuus sum, *to die*	stricto gladio ad dormientem Lucretiam venit
sinister, sinistra, sinistrum, *left*	sinistraque manu mulieris pectore oppresso
stringo, -ere, strinxi, strictus, *to draw (a weapon)*	"Tace, Lucretia" inquit; "Sex. Tarquinius sum;
58.3 fateor, -ēri, fassus sum, *to confess*	
mina, -ae, f., *threat*	ferrum in manu est; moriere, si emiseris vocem."
misceo, -ēre, -ui, mixtus, *to mix*	
nullus, -a, -um, *no*	3 Cum pavida ex somno mulier nullam opem,
ops, opis, f., *help*	
oro, -are, -avi, -atus, *to beg*	
pavidus, -a, -um, *terrified*	prope mortem imminentem videret, tum
prex, precis, f., *prayer*	
verso, -are, -avi, -atus, *to turn*	Tarquinius fateri amorem, orare, miscere
58.4 dedecus, dedecoris, n., *shameful deed*	
inclino, -are, -avi, -atus, *to bend*	precibus minas, versare in omnes partes
iugulo, -are, avi, -atus, *to kill by slitting the throat*	muliebrem animum. 4 Ubi obstinatam videbat et
metus, -ūs, m., *fear*	
ne...quidem, *not...even*	ne mortis quidem metu inclinari, addit ad metum
neco, -are, -avi, -atus, *to kill*	
sordidus, -a, -um, *dirty*	dedecus: cum mortua iugulatum servum nudum
	positurum ait, ut in sordido adulterio necata
	dicatur.

58.5 atrox, atrocis, *terrible* decus, decoris, n., *honor* expugno, -are, -avi, -atus, *to assault* factum, -i, n., *deed* ferox, ferocis, *arrogant* idem, eadem, idem, *the same* incido, -ere, -i, incasus, *to happen* inde, *from there* ita, *thus* libido, libidinis, f., *lust* maestus, -a, -um, *sad* maturo, -are, -avi, -atus, *to hurry* proficiscor, -i, profectus sum, *to set out* pudicitia, -ae, f., *chastity* opus est, (+dat), *there is need* singulus, -a, -um, *one apiece* tantus, -a, -um, *so great* velut, *just as* victrix, victricis, *conquering* vinco, -ere, vici, victus, *to conquer* vis, vis, f., *force* 58.6 convenio, -ire, -i, -tus, *to meet* forte, *by chance* 58.7 maestus, -a, -um, *sad* 58.8 adventus, -ūs, m., *arrival* amitto, -ere, amisi, amissus, *to lose* obortus, -a, -um, *flowing* pudicitia, -ae, f., *chastity* quaero, -ere, quaesivi, quaesitus, *to ask* salveo, -ēre, *to be well*	5 Quo terrore cum vicisset obstinatam pudicitiam velut vi victrix libido, profectusque inde Tarquinius ferox expugnato decore muliebri esset, Lucretia maesta tanto malo nuntium Romam eundem ad patrem Ardeamque ad virum mittit: ut cum singulis fidelibus amicis veniant; ita facto maturatoque opus esse; rem atrocem incidisse. 6 Sp. Lucretius cum P. Valerio Volesi filio, Collatinus cum L. Iunio Bruto venit, cum quo forte Romam rediens ab nuntio uxoris erat conventus. 7 Lucretiam sedentem maestam in cubiculo inveniunt. 8 Adventu suorum lacrimae obortae, quaerentique viro "Satin salve?" "Minime" inquit; "quid enim salvi est mulieri amissa pudicitia?

58.9 alienus, -a, -um, *foreign*
    ceterum, *but*
    insons, insontis, *innocent*
    tantum, *only*
    testis, -is, m., *witness*
    vestigium, -i, n., *trace*
58.10 fore = futurum esse
    haud, *not*
    impune, *without punishment*
58.11 aufero, -ferre, -tuli, -latus, *to steal*
    gaudium, -i, n., *physical pleasure*
    hinc, *from this source*
    hospes, hospitis, m., *guest*
    pestiferus, -a, -um, *destructive*
    pro (+abl), *instead of*
    vis, vis, f., *force*
58.12 absum, -esse, -fui, -futurus, *to be away*
    aeger, aegra, aegrum, *sick*
    auctor, -is, m., *originator*
    averto, -ere, -i, aversus, *to divert*
    cogo, -ere, coegi, coactus, *to force*
    consilium, -i, n., *intention*
    culpa, -ae, f., *blame, fault*
    delictum, -i, n., *crime*
    noxa, -ae, f., *hurt, blame*
    ordo, ordinis, m., *order*
    pecco, -are, -avi, -atus, *to sin*
    unde, *from where*
	9 Vestigia viri alieni, Collatine, in lecto sunt tuo; ceterum corpus est tantum violatum, animus insons; mors testis erit. 10 Sed date dexteras fidemque haud impune adultero fore. 11 Sex. est Tarquinius qui hostis pro hospite priore nocte vi armatus mihi sibique (si vos viri estis) pestiferum hinc abstulit gaudium." 12 Dant ordine omnes fidem; consolantur aegram animi avertendo noxam ab coacta in auctorem delicti: mentem peccare, non corpus, et unde consilium afuerit culpam abesse.

58.13 absolvo, -ere, -i, absolutus, *to free* debet, *it is owed* etsi, *although* exemplum, -i, n., *example* impudicus, -a, -um, *unchaste* libero, -are, -avi, -atus, *to free* peccatum, -i, n., *sin* supplicium, -i, n., *punishment* ullus, -a, -um, *any* 58.14 abditus, -a, -um, *hidden* cado, -ere, cecidi, casus, *to fall* cor, cordis, n., *heart* cultrum, -i, n., *knife* defigo, -ere, defixi, defixus, *to thrust* moribundus, -a, -um, *dying* prolabor, -i, prolapsus sum, *to slip forward* vestis, -is, f., *clothes* 58.15 conclamo, -are, -avi, -atus, *to cry out, mourn* 59.1 castus, -a, -um, *chaste* cruor, -is, m., *blood* cultrum, -i, n., *knife* iuro, -are, -avi, -atus, *to swear* luctus, -ūs, m., *grief* manans, manantis, *wet* occupo, -are, -avi, -atus, *to seize* prae (+abl), *in front of* sanguis, sanguinis, m., *blood* sceleratus, -a, -um, *wicked* stirps, stirpis, f., *lineage* testis, -is, m., *witness*	13 "Vos" inquit "videritis quid illi debeatur: ego me etsi peccato absolvo, supplicio non libero; nec ulla deinde impudica Lucretiae exemplo vivet." 14 Cultrum, quem sub veste abditum habebat, eum in corde defigit, prolapsaque in volnus moribunda cecidit. 15 Conclamat vir paterque. [59] 1 Brutus illis luctu occupatis cultrum ex volnere Lucretiae extractum, manantem cruore prae se tenens, "Per hunc" inquit "castissimum ante regiam iniuriam sanguinem iuro, vosque, di, testes facio me L. Tarquinium Superbum cum scelerata coniuge et omni liberorum stirpe

dehinc, *then* exsequor, exsequi, exsecutus sum, *to follow* patior, pati, passus sum, *to suffer, allow* quicumque, quaecumque, quodcumque, *whatever* quiquam, quaequam, quodquam, *any man* vis, vis, f., *strength* 59.2 cultrum, -i, n., *knife* inde, *then* ingenium, -i, n., *nature* stupeo, -ēre, -ui, *to be astounded* 59.3 dux, ducis, m., *leader* expugno, -are, -avi, -atus, *to fight* inde, *then* iuro, -are, -avi, -atus, *to swear* luctus, -ūs, m., *grief* praecipio, -ere, praecepi, praeceptus, *to order* verto, -ere, -i, versus, *to turn* 59.4 concio, -ire, -ivi, -itus, *to stir up* fio, fieri, factus sum, *to happen* indignitas, indignitatis, f., *vileness* 59.5 queror, queri, questus sum, *to complain about* quisque, *each man* scelus, sceleris, n., *crime* vis, vis, f., *violence*	ferro igni quacumque dehinc vi possim exsecuturum, nec illos nec alium quemquam regnare Romae passurum." 2 Cultrum deinde Collatino tradit, inde Lucretio ac Valerio, stupentibus miraculo rei, unde novum in Bruti pectore ingenium. 3 Ut praeceptum erat iurant; totique ab luctu versi in iram, Brutum iam inde ad expugnandum regnum vocantem sequuntur ducem. 4 Elatum domo Lucretiae corpus in forum deferunt, concientque miraculo, ut fit, rei novae atque indignitate homines. 5 Pro se quisque scelus regium ac vim queruntur.

59.6 adversus (+acc), *against* auctor, -is, m., *proposer* audeo, -ēre, ausus sum, *to dare* capio, -ere, cepi, captus, *to take up* castigator, -is, m., *chastiser* cum...tum, *not only...but also* decet, *it is fitting for* iners, inertis, *idle* maestitia, -ae, f., *grief* querella, -ae, f., *complaint* 59.7 ferox, ferocis, *fierce* iuventus, iuventutis, f., *young men* quisque, *each* 59.8 armatus, -a, -um, *armed* custos, custodis, m., *guard* inde, *then* motus, -ūs, m., *movement* praeses, praesidis, m., *guard* proficiscor, proficisci, profectus sum, *to set out* relinquo, -ere, reliqui, relictus, *to leave behind* 59.9 eo, *there* haud, *not* incedo, -ere, incessi, incessus *to march* pavor, -is, m., *fear* primor, -is, *men of 1st rank* quacumque, *wherever* quidquid, *whatever* reor, reri, ratus sum, *to think* rursus, *on the other hand* temere, *meaningless* 59.10 atrox, atrocis, *heinous* motus, -ūs, m., *movement*	6 Movet cum patris maestitia, tum Brutus castigator lacrimarum atque inertium querellarum auctorque quod viros, quod Romanos deceret, arma capiendi adversus hostilia ausos. 7 Ferocissimus quisque iuvenum cum armis voluntarius adest; sequitur et cetera iuventus. 8 Inde patre praeside relicto Collatiae custodibusque datis ne quis eum motum regibus nuntiaret, ceteri armati duce Bruto Romam profecti. 9 Ubi eo ventum est, quacumque incedit armata multitudo, pavorem ac tumultum facit; rursus ubi anteire primores civitates vident, quidquid sit haud temere esse rentur. 10 Nec minorem motum animorum Romae tam atrox res facit quam Collatiae fecerat; ergo ex omnibus locis

59.11 Celeres, -um, m.pl., *knights* forte, *by chance* praeco, praeconis, m., *herald* quo, *to that place* 59.12 caedis, -is, f., *slaughter* ibi, *there* indignus, -a, -um, *intolerable* infandus, -a, -um, *unspeakable* ingenium, -i, n., *nature* libido, libidinis, f., *lust* nequaquam, *by no means* orbitas, orbitatis, f., *childlessness* stuprum, -i, n., *rape* vis, vis, f., *violence* 59.13 cloaca, -ae, f., *sewer* demergo, -ere, demersi, demersus, *to plunge* exhaurio, -ire, exhausi, exhaustus, *to drain* fossa, -ae, f., *ditch* lapicida, -ae, m., *stone-cutter* opifex, opificis, m., *workman* pro (+abl), *instead of* superbia, -ae, f., *arrogance* bellator, -is, m., *warrior* 59.14 caedes, -is, f., *murder* indignus, -a, -um, *cruel* inveho, -ere, invexi, invectus, (pass.) *to ride over* memoro, -are, -avi, -atus, *to mention* nefandus, -a, -um, *abominable*	urbis in forum curritur. 11 Quo simul ventum est, praeco ad tribunum Celerum, in quo tum magistratu forte Brutus erat, populum advocavit. 12 Ibi oratio habita nequaquam eius pectoris ingeniique quod simulatum ad eam diem fuerat, de vi ac libidine Sex. Tarquini, de stupro infando Lucretiae et miserabili caede, de orbitate Tricipitini cui morte filiae causa mortis indignior ac miserabilior esset. 13 Addita superbia ipsius regis miseriaeque et labores plebis in fossas cloacasque exhauriendas demersae; Romanos homines, victores omnium circa populorum, opifices ac lapicidas pro bellatoribus factos. 14 Indigna Ser. Tulli regis memorata caedes et invecta corpori patris nefando vehiculo filia,

ultor, -is, m., *avenger* 59.15 abrogo, -are, -avi, -atus, *to remove* alius, -a, aliud, *other* atrox, atrocis, *terrible* exsul, -is, m./f., *exile* haudquaquam, *not at all* imperium, -i, n., *power* incendo, -ere, -i, incensus, *to inflame* indignitas, indignitatis, f., *vileness* memoro, -are, -avi, -atus, *to mention* perpello, -ere, perpuli, perpulsus, *to compel* praesens, praesentis, *present* relatus, -ūs, m., *narration* subicio, -ere, subieci, subiectus, *to expose* 59.16 adversus (+acc), *against* concito, -are, -avi, -atus, *to stir up* exercitus, -ūs, m., *army* inde, *from there* instituo, -ere, -ui, -utus, *to set up* iunior, -is, m., *younger man* lego, -ere, -i, lectus, *to choose* praefectus, -i, m., *prefect* ultro, *voluntarily* 59.17 exsecror, -ari, -atus sum, *to curse* furia, -ae, f., *fury* incedo, -ere, incessi, incessus, *to walk* profugio, -ere, -i, *to escape* quacumque, *wherever* tumultus, -ūs, m., *commotion*	invocatique ultores parentum di. 15 His atrocioribusque, credo, aliis, quae praesens rerum indignitas haudquaquam relatu scriptoribus facilia subicit, memoratis, incensam multitudinem perpulit ut imperium regi abrogaret exsulesque esse iuberet L. Tarquinium cum coniuge ac liberis. 16 Ipse iunioribus qui ultro nomina dabant lectis armatisque, ad concitandum inde adversus regem exercitum Ardeam in castra est profectus: imperium in urbe Lucretio, praefecto urbis iam ante ab rege instituto, relinquit. 17 Inter hunc tumultum Tullia domo profugit exsecrantibus quacumque incedebat invocantibusque parentum furias viris mulieribusque.

60.1 adventus, -ūs, m., *arrival* castra, -orum, n.pl., *camp* comprimo, -ere, compressi, compressus, *to crush* diversus, -a, -um, *different* fere, *almost* fio, fieri, factus sum, *to become* flecto, -ere, flexi, flexus, *to curve* idem, eadem, idem, *the same* motus, -ūs, m., *riot* nuntius, -i, m., *news* obvius, -a, -um, *face-to-face* pergo, -ere, perrexi, perrectus, *to proceed* sentio, -ire, sensi, sensus, *to feel* trepidus, -a, -um, *frightened* 60.2 castra, -orum, n.pl., *camp* claudo, -ere, clausi, clausus, *to close* exago, -ere, exegi, exactus, *to drive out* exsilium, -i, n., *exile* indico, -ere, indixi, indictus, *to proclaim* 60.3 exsulo, -are, -avi, -atus, *to live in exile* 60.4 caedes, -is, f., *slaughter* concio, -ire, -ivi, -itus, *to provoke* interficio, -ere, interfeci, interfectus, *to kill* rapina, -ae, f., *rape* simultas, simultatis, f., *hatred* tamquam, *just as if* ultor, -is, m., *avenger* vetus, veteris, *old*	[60] 1 Harum rerum nuntiis in castra perlatis, cum re nova trepidus rex pergeret Romam ad comprimendos motus, flexit viam Brutus—senserat enim adventum—ne obvius fieret; eodemque fere tempore, diversis itineribus, Brutus Ardeam, Tarquinius Romam venerunt. 2 Tarquinio clausae portae exsiliumque indictum: liberatorem urbis laeta castra accepere, exactique inde liberi regis. 3 Duo patrem secuti sunt qui exsulatum Caere in Etruscos ierunt. 4 Sex. Tarquinius Gabios tamquam in suum regnum profectus ab ultoribus veterum simultatium, quas sibi ipse caedibus rapinisque concierat, est interfectus.

60.5 regnatum, -i, n., *rule by king* 60.6 condo, -ere, -idi, -itus, *to found* 60.7 comitia centuriata, -ae – ae, f., *voting assembly* commentarium, -i, n., *historical account* consul, -is, m., *consul* creo, -are, -avi, -atus, *to elect* e/ex (+abl), *according to* inde, *then* praefectus, -i, m., *prefect*	5 L. Tarquinius Superbus regnavit annos quinque et viginti. 6 Regnatum Romae ab condita urbe ad liberatam annos ducentos quadraginta quattuor. 7 Duo consules inde comitiis centuriatis a praefecto urbis ex commentariis Ser. Tulli creati sunt, L. Iunius Brutus et L. Tarquinius Collatinus.

IB SL Sallust Passages

VOCABULARY	Sallust, *Bellum Catilinae* 1-2, 5-9
1.1 ceteri, -ae, -a, *other* decet, *ought* fingo, -ere, finxi, fictus, *to form* nitor, niti, nixus sum (+abl), *to depend on* ops, opis, f., *might* pecus, pecoris, n., *flock* praesto, -are, -avi, -atus, *to surpass* pronus, -a, -um, *leaning forward* studeo, -ēre, -ui, *to strive* summus, -a, -um, *greatest* veluti, *just as* venter, ventri, m., *stomach* 1.2 alter...alter, *the one...the other* belua, -ae, f., *beast* communis, -e, *common* imperium, -i, n., *rule* magis, *more* situs, -a, -um, *situated* utor, uti, usus sum, (+abl) *to use* vis, vis, f., *power* 1.3 efficio, -ere, effeci, effectus, *to make* fruor, frui, fructus sum (+abl), *to enjoy* ingenium, -i, n., *intellect* ops, opis, f., *resources* quaero, -ere, quaesivi, quaesitus, *to seek* quo, *therefore* quoniam, *since* rectus, -a, -um, *proper* vis, viris, f., *bodily strength* 1.4 -ne...an, *whether...or* clarus, -a, -um, *bright* divitiae, -arum, f.pl., *riches* fluxus, -a, -um, *fluid* forma, -ae, f., *beauty* habeo, -ēre, -ui, -itus, *to consider*	[1] 1 Omnis homines, qui sese student praestare ceteris animalibus, summa ope niti decet, ne vitam silentio transeant veluti pecora, quae natura prona atque ventri oboedientia finxit. 2 Sed nostra omnis vis in animo et corpore sita est: animi imperio, corporis servitio magis utimur; alterum nobis cum dis, alterum cum beluis commune est. 3 Quo mihi rectius videtur ingeni quam virium opibus gloriam quaerere et, quoniam vita ipsa, qua fruimur, brevis est, memoriam nostri quam maxume longam efficere. 4 Nam divitiarum et formae gloria fluxa atque fragilis est, virtus clara aeternaque habetur.

1.5 certamen, certaminis, n., *dispute* magis, *more* -ne...an, *whether...or* vis, vis, f., *strength* 1.6 consulo, -ere, -ui, -tus, *to deliberate* consultum, -i, n., *deliberation* factum, -i, n., *action* incipio, -ere, incepi, inceptus, *to begin* mature, *quickly* opus esse (+abl), *is needed* priusquam, *before* 1.7 alter...alter, *the one...the other* egeo, -ēre, -ui (+abl), *to need* indigens, indigentis, *lacking* ita, *thus* utrumque, *each (of two)* 2.1 agito, -are, -avi, -atus, *to live* cupiditas, cupiditatis, f., *lust* divorsus, -a, -um, *in different directions* igitur, *therefore* imperium, -i, n., *power* ingenium, -i, n., *intellect* initium, -i, n., *beginning* placet, *to please* 2.2 coepio, -ere, -i, -tus, *to begin* comperio, -ire, -i, compertus, *to learn* demum, *finally* dominor, -ari, -atus sum, *to rule* ingenium, -i, n., *intellect* lubido, lubidinis, f., *lust* maxumus, -a, -um, *greatest* multum posse, *to have much power* negotium, -i, n., *business* subigo, -ere, subegi, subactus, *to conquer* vero, *but*	5 Sed diu magnum inter mortalis certamen fuit, vine corporis an virtute animi res militaris magis procederet. 6 Nam et, priusquam incipias, consulto et, ubi consulueris, mature facto opus est. 7 Ita utrumque per se indigens alterum alterius auxilio eget. [2] 1 Igitur initio reges – nam in terris nomen imperi id primum fuit – divorsi, pars ingenium, alii corpus exercebant: etiam tum vita hominum sine cupiditate agitabatur; sua cuique satis placebant. 2 Postea vero quam in Asia Cyrus, in Graecia Lacedaemonii et Athenienses coepere urbis atque nationes subigere, lubidinem dominandi causam belli habere, maxumam gloriam in maxumo imperio putare, tum demum periculo atque negotiis compertum est in bello plurumum ingenium posse.

2.3 aequalis, -e, *steady*
    alio, *elsewhere*
    alius, -a, aliud, *another*
    cerno, -ere, crevi, cretus, *to see*
    constanter, *evenly*
    ita...ut, *just...as*
    misceo, -ēre, -ui, mixtus, *to mix up*
    muto, -are, -avi, -atus, *to change*
    quod si, *but if*
    valeo, -ēre, -ui, -itus, *to be strong*
2.4 ars, artis, f., *skill*
    imperium, -i, n., *empire*
    initium, -i, n., *beginning*
    pario, -ere, peperi, partus, *to acquire*
    retineo, -ēre, -ui, -tus, *to retain*
2.5 aequitas, aequitatis, f., *fairness*
    continentia, -ae, f., *self-control*
    desidia, -ae, f., *idleness*
    immuto, -are, -avi, -atus, *to change*
    invado, -ere, invasi, invasus, *to enter*
    lubido, lubidinis, f., *lust*
    mos, moris, m., *character*
    pro (+abl), *instead of*
    superbia, -ae, f., *pride*
    verum, *but*
2.6 imperium, -i, n., *power*
    ita, *thus*
    quisque, *each*
2.7 aro, -are, -avi, -atus, *to plow*
    pareo, -ēre, -ui, -itus (+dat), *is subject to*
	3 Quod si regum atque imperatorum animi virtus in pace ita ut in bello valeret, aequabilius atque constantius sese res humanae haberent neque aliud alio ferri neque mutari ac misceri omnia cerneres. 4 Nam imperium facile iis artibus retinetur, quibus initio partum est. 5 Verum ubi pro labore desidia, pro continentia et aequitate lubido atque superbia invasere, fortuna simul cum moribus inmutatur. 6 Ita imperium semper ad optumum quemque a minus bono transfertur. 7 Quae homines arant, navigant, aedificant, virtuti omnia parent.

2.8 aestumo, -are, -avi, -atus, *to value* anima, -ae, f., *soul* contra (+acc), *against* deditus, -a, -um, *devoted* incultus, -a, -um, *rough* indoctus, -a, -um, *ignorant* iuxta, *equally* peregrinans, peregrinantis, m., *traveler* profecto, *surely* quoniam, *since* sicuti, *like* sileo, -ēre, -ui, *to be silent* uterque, utraque, utrumque, *both* venter, ventris, m., *belly* voluptas, voluptatis, f., *pleasure* 2.9 aliquis, *some* anima, -ae, f., *soul* ars, artis, f., *character* copia, -ae, f., *abundance* demum, *alone* facinus, facinoris, n., *deed* fruor, frui, fructus sum (+abl) *to enjoy* intentus, -a, -um, *attentive* negotium, -i, n., *activity* ostendo, -ere, -i, ostentus, *to show* praeclarus, -a, -um, *noble* vero, *in truth* verum, *but* 5.1 genus, generis, n., *race* ingenium, -i, n., *nature, character* nascor, nasci, natus sum, *to be born* pravus, -a, -um, *depraved* vis, vis, f., *strength* 5.2 caedis, -is, f., *murder* gratus, -a, -um, *pleasing* ibi, *there* intestinus, -a, -um, *civil* iuventus, iuventutis, f., *youth* rapina, -ae, f., *robbery*	8 Sed multi mortales, dediti ventri atque somno, indocti incultique vitam sicuti peregrinantes transiere; quibus profecto contra naturam corpus voluptati, anima oneri fuit. Eorum ego vitam mortemque iuxta aestumo, quoniam de utraque siletur. 9 Verum enim vero is demum mihi vivere atque frui anima videtur, qui aliquo negotio intentus praeclari facinoris aut artis bonae famam quaerit. Sed in magna copia rerum aliud alii natura iter ostendit. [5] 1 L. Catilina, nobili genere natus, fuit magna vi et animi et corporis, sed ingenio malo pravoque. 2 Huic ab adulescentia bella intestina, caedes, rapinae, discordia civilis grata fuere ibique iuventutem suam exercuit.

5.3 algor, -is, m., *cold* inedia, -ae, f., *starvation* patiens, patientis (+gen), *able to endure* quisquam, *anyone* supra (+acc), *beyond* vigilia, -ae, f., *wakefulness* 5.4 adpetens, adpetentis (+gen), *eager* alienum, -i, n., *another's property* ardeo, -ēre, arsi, arsus, *to rage* audax, audacis, *reckless* cuius...lubet, *of any type* cupiditas, cupiditatis, f., *lust* dissimulator, -is, m., *faker* lubet, *it is pleasing* parum, *too little* profusus, -a, -um, *extravagant* sapientia, -ae, f., *wisdom* simulator, -is, m., *pretender* subdolus, -a, -um, *treacherous* varius, -a, -um, *changing* 5.5 altus, -a, -um, *lofty* cupio, -ire, -ivi, -itus, *to want* immoderatus, -a, -um, *disorderly* nimis, *too* 5.6 adsequor, -i, -secutus sum, *to achieve* dum, *provided that* invado, -ere, invasi, invasus, *to take possession of* lubido, lubidinis, f., *lust* modus, -i, m., *way* neque quicquam pensi habēre, *to regard as of no importance* paro, -are, -avi, -atus, *to prepare*	3 Corpus patiens inediae, algoris, vigiliae supra quam cuiquam credibile est. 4 Animus audax, subdolus, varius, cuius rei lubet simulator ac dissimulator, alieni adpetens, sui profusus, ardens in cupiditatibus; satis eloquentiae, sapientiae parum. 5 Vastus animus inmoderata, incredibilia, nimis alta semper cupiebat. 6 Hunc post dominationem L. Sullae lubido maxuma invaserat rei publicae capiundae; neque id quibus modis adsequeretur, dum sibi regnum pararet, quicquam pensi habebat.

5.7 agito, -are, -avi, -atus, *to stir up* ars, artis, f., *skill* augeo, -ēre, auxi, auctus, *to increase* conscientia, -ae, f., *sense of guilt* in dies, *every day* inopia, -ae, f., *poverty* memoro, -are, -avi, -atus, *to mention* scelus, sceleris, n., *crime* supra, *above* uterque, utraque, utrumque, *both* 5.8 avaritia, -ae, f., *greed* divorsus, -a, -um, *opposing* incito, -are, -avi, -atus, *to urge on* luxuria, -ae, f., *extravagance* praeterea, *in addition* vexo, -are, -avi, -atus, *to disturb* 5.9 admoneo, -ēre, -ui, -itus, *to advise* hortor, -ari, -atus sum, *to encourage* maiores, -um, m.pl., *ancestors* paucum, -i, n., *a few words* quoniam, *since* repeto, -ere, -ivi, -itus, *to go back* supra, *further* dissero, -ere, dissui, disstus, *to discuss* fio, fieri, factus sum, *to become* flagitiosus, -a, -um, *disgraceful* immuto, -are, -avi, -atus, *to change* paulatim, *gradually* quantus, -a, -um, *how great* quo modo, *how* relinquo, -ere, reliqui, relictus, *to leave behind*	7 Agitabatur magis magisque in dies animus ferox inopia rei familiaris et conscientia scelerum, quae utraque iis artibus auxerat, quas supra memoravi. 8 Incitabant praeterea corrupti civitatis mores, quos pessuma ac divorsa inter se mala, luxuria atque avaritia, vexabant. 9 Res ipsa hortari videtur, quoniam de moribus civitatis tempus admonuit, supra repetere ac paucis instituta maiorum domi militiaeque, quo modo rem publicam habuerint quantamque reliquerint, ut paulatim inmutata ex pulcherruma atque optuma pessuma ac flagitiosissuma facta sit, disserere.

6.1 accipio, -ere, accepi, acceptus, *to grasp* agrestis, -e, *rustic* condo, -ere, -idi, -itus, *to found* genus, generis, n., *race* imperium, -i, n., *government* incertus, -a, -um, *uncertain* initium, -i, n., *beginning* lex, legis, f., *law* liber, -a, -um, *free* profugus, -i, m., *refugee* sedes, -is, f., *settlement* sicuti, *as* solutus, -a, -um, *unrestrained* vagor, -ari, -atus sum, *to wander* 6.2 coalesco, -ere, coalui, coalitus, *to become unified* concors, concordis, *united* dispar, -is, *different* fio, fieri, factus sum, *to become* ita, *such* lingua, -ae, f., *language* memoro, -are, -avi, -atus, *to recount* moenia, -um, n.pl., *wall* mos, moris, n., *moral* vagus, -a, -um, *wandering* 6.3 augeo, -ēre, auxi, auctus, *to increase* invidia, -ae, f., *envy* mos, moris, n., *morals* opulentia, -ae, f., *wealth* orior, -i, -tus sum, *to be born* plerusque, -aque, -umque, *most* pollens, pollentis, *strong* sicuti, *as*	[6] 1 Urbem Romam, sicuti ego accepi, condidere atque habuere initio Troiani, qui Aenea duce profugi sedibus incertis vagabantur, cumque iis Aborigines, genus hominum agreste, sine legibus, sine imperio, liberum atque solutum. 2 Hi postquam in una moenia convenere, dispari genere, dissimili lingua, alii alio more viventes, incredibile memoratu est, quam facile coaluerint: ita brevi multitudo dispersa atque vaga concordia civitas facta erat. 3 Sed postquam res eorum civibus, moribus, agris aucta satis prospera satisque pollens videbatur, sicuti pleraque mortalium habentur, invidia ex opulentia orta est.

6.4 ceteri, -ae, -a, *the others* finitumus, -a, -um, *neighboring* igitur, *therefore* metus, -ūs, m., *fear* pauci, -ae, -a, *few* percello, -ere, perculi, perculsus, *to overpower* tempto, -are, -avi, -atus, *to test* 6.5 beneficium, -i, n., *favor* festino, -are, -avi, -atus, *to hurry* hortor, -ari, -atus sum, *to encourage* intentus, -a, -um, *closely attentive* magis, *more* obvius, -a, -um, *against* paro, -are, -avi, -atus, *to prepare* patria, -ae, f., *father-land* propello, -ere, propuli, propulsus, *to drive away* socius, -i, m., *ally* tego, -ere, texi, tectus, *to defend* 6.6 aetas, aetatis, f., *age* appello, -are, -avi, -atus, *to call* consulto, -are, -avi, -atus, *to take counsel* delectus, -a, -um, *chosen* imperium, -i, n., *state* infirmus, -a, -um, *weak* ingenium, -i, n., *intellect* sapientia, -ae, f., *wisdom* similitudo, similitudinis, f., *similarity* validus, -a, -um, *strong* vel...vel, *either...or*	4 Igitur reges populique finitumi bello temptare, pauci ex amicis auxilio esse; nam ceteri metu perculsi a periculis aberant. 5 At Romani domi militiaeque intenti festinare, parare, alius alium hortari, hostibus obviam ire, libertatem, patriam parentisque armis tegere. Post, ubi pericula virtute propulerant, sociis atque amicis auxilia portabant magisque dandis quam accipiundis beneficiis amicitias parabant. 6 Imperium legitumum, nomen imperi regium habebant. Delecti, quibus corpus annis infirmum, ingenium sapientia validum erat, rei publicae consultabant; hi vel aetate vel curae similitudine "patres" appellabantur.

6.7 annuus, -a, -um, *for a year* augeo, -ēre, auxi, auctus, *to grow* binus, -a, -um, *2 at a time* converto, -ere, -i, conversus, *to transform* imperium, -i, n., *power* initium, -i, n., *beginning* inmuto, -are, -avi, -atus, *to change* insolesco, -ere, insolevi, *to grow proud* licentia, -ae, f., *freedom* modus, -i, m., *way* mos, moris, n., *moral* regius, -a, -um, *royal* superbia, -ae, f., *pride* 7.1 coepio, -ere, *to begin* extollo, -ere, *to lift up* ingenium, -i, n., *intellect* magis, *more* promo, -ere, prompsi, promptus, *to bring into view* quisque, *each man* tempestas, tempestatis, f., *time* 7.2 alienus, -a, -um, *another's* formidulosus, -a, -um, *scary* suspectus, -a, -um, *mistrusted* 7.3 adipiscor, adipisci, adeptus sum, *to gain* cresco, -ere, crevi, cretus, *to grow* cupido, cupidinis, m., *desire* incedo, -ere, incessi, incessus, *to advance* memoro, -are, -avi, -atus, *to remember* quantum...tantum, *as much...as*	7 Post, ubi regium imperium, quod initio conservandae libertatis atque augendae rei publicae fuerat, in superbiam dominationemque se convortit, inmutato more annua imperia binosque imperatores sibi fecere: eo modo minume posse putabant per licentiam insolescere animum humanum. [7] 1 Sed ea tempestate coepere se quisque magis extollere magisque ingenium in promptu habere. 2 Nam regibus boni quam mali suspectiores sunt semperque iis aliena virtus formidulosa est. 3 Sed civitas, incredibile memoratu est, adepta libertate quantum brevi creverit; tanta cupido gloriae incesserat.

7.4 castra, -orum, n.pl., *camp* conviva, -ae, m./f., *dinner guest* decorus, -a, -um, *decorated* disco, -ere, didici, *to learn* iam primum, *first of all* iuventus, iuventutis, f., *young men* lubido, lubidinis, f., *pleasure* magis, *more* patiens, patientis, (+gen) *able to endure* scortum, -i, n., *prostitute* simulac, *as soon as* usus, -ūs, m., *custom* 7.5 arduus, -a, -um, *difficult* asper, -a, -um, *rough* domo, -are, -ui, -itus, *to master* formidulosus, -a, -um, *scary* igitur, *therefore* insolitus, -a, -um, *unaccustomed* talis, -e, *such* ullus, -a, -um, *any* 7.6 avidus, -a, -um, *desirous* certamen, certaminis, n., *struggle* divitiae, -arum, f.pl., *riches* facinus, facinoris, n., *deed* ferio, -ire, *to strike* honestus, -a, -um, *honorable* ingens, ingentis, *huge, great* laus, laudis, f., *praise* liberalis, -e, *generous* murus, -i, m., *wall* propero, -are, -avi, -atus, *to hurry* quisque, *each man* talis, -e, *such*	4 Iam primum iuventus, simul ac belli patiens erat, in castris per laborem usum militiae discebat magisque in decoris armis et militaribus equis quam in scortis atque conviviis lubidinem habebant. 5 Igitur talibus viris non labor insolitus, non locus ullus asper aut arduus erat, non armatus hostis formidulosus: virtus omnia domuerat. 6 Sed gloriae maxumum certamen inter ipsos erat: se quisque hostem ferire, murum ascendere, conspici, dum tale facinus faceret, properabat. Eas divitias, eam bonam famam magnamque nobilitatem putabant. Laudis avidi, pecuniae liberales erant, gloriam ingentem, divitias honestas volebant.

7.7 copia, -ae, f., *number* fundo, -ere, fudi, fusus, *to scatter* inceptum, -i, n., *undertaking* manus, -ūs, f., *band (of men)* memoro, -are, -avi, -atus, *to recall* munio, -ire, -ivi, -itus, *to fortify* ni, *if...not* parvus, -a, -um, *small* pugno, -are, -avi, -atus, *to fight* 8.1 celebro, -are, -avi, -atus, *to make famous* cuntus, -a, -um, *all* dominor, -ari, -atus sum, *to be in control* ex (+abl), *according to* lubido, lubidinis, f., *will* profecto, *surely* verum, -i, n., *truth* obscuro, -are, -avi, -atus, *to cause to be forgotten* verum, -i, n., *truth* 8.2 aestumo, -are, -avi, -atus, *to judge* aliquanto, *somewhat* amplus, -a, -um, *great* feruntur = dicuntur gero, -ere, gessi, gestus, *to do* sicuti, *as* verum, *but* 8.3 factum, -i, n., *deed* ibi, *there* ingenium, -i, n., *talent* orbis terrarum, *the world* pro, *as if* provenio, -ire, -i, -tus, *to come forth* quia, *because*	7 Memorare possum, quibus in locis maxumas hostium copias populus Romanus parva manu fuderit, quas urbis natura munitas pugnando ceperit, ni ea res longius nos ab incepto traheret. [8] 1 Sed profecto fortuna in omni re dominatur; ea res cunctas ex lubidine magis quam ex vero celebrat obscuratque. 2 Atheniensium res gestae, sicuti ego aestumo, satis amplae magnificaeque fuere, verum aliquanto minores tamen, quam fama feruntur. 3 Sed quia provenere ibi scriptorum magna ingenia, per terrarum orbem Atheniensium facta pro maxumis celebrantur.

8.4 extollo, -ere, *to extol* habeo, -ēre, -ui, -itus, *to consider* ingenium, -i, n., *intellect, talent* ita, *thus* praeclarus, -a, -um, *bright* tantum...quantum, *as much...as* 8.5 alius, -a, aliud, *other* benefactum, -i, n., *good deed* copia, -ae, f., *opportunity* ingenium, -i, n., *intellect* malo, malle, malui, *to prefer* negotiosus, -a, -um, *busy* numquam, *never* prudens, prudentis, *skilled* quia, *since* quisque, *each one* 9.1 apud (+acc), *among* avaritia, -ae, f., *greed* colo, -ere, -ui, -tus, *to cultivate* concordia, -ae, f., *harmony* igitur, *therefore* ius, iuris, n., *justice* lex, legis, f., *law* mos, moris, m., *morals* valeo, -ēre, -ui, -itus, *to prevail* 9.2 certo, -are, -avi, -atus, *to vie* discordia, -ae, f., *disagreement* iurgium, -i, n., *quarrel* parcus, -a, -um, *frugal* simultas, simultatis, f., *hatred* supplicium, -i, n., *supplication* 9.3 aequitas, aequitatis, f., *justice* ars, artis, f., *quality* audacia, -ae, f., *boldness* curo, -are, -avi, -atus, *to care for* evenio, -ire, -i, -tus, *to come*	4 Ita eorum, qui fecere, virtus tanta habetur, quantum eam verbis potuere extollere praeclara ingenia. 5 At populo Romano numquam ea copia fuit, quia prudentissumus quisque maxume negotiosus erat: ingenium nemo sine corpore exercebat, optumus quisque facere quam dicere, sua ab aliis benefacta laudari quam ipse aliorum narrare malebat. [9] 1 Igitur domi militiaeque boni mores colebantur; concordia maxuma, minuma avaritia erat; ius bonumque apud eos non legibus magis quam natura valebat. 2 Iurgia, discordias, simultates cum hostibus exercebant, cives cum civibus de virtute certabant. In suppliciis deorum magnifici, domi parci, in amicos fideles erant. 3 Duabus his artibus, audacia in bello, ubi pax evenerat, aequitate, seque remque publicam

9.4 audeo, -ēre, ausus sum, *to dare* cedo, -ere, cessi, cessus, *to yield* contra (+acc), *contrary to* documentum, -i, n., *proof* excedo, -ere, excessi, excessus, *to withdraw* imperium, -i, n., *order* pello, -ere, pepuli, pulsus, *to beat* proelium, -i, n., *battle* pugno, -are, -avi, -atus, *to fight* relinquo, -ere, reliqui, relictis, *to leave behind* saepe, *often* signum, -i, n., *battle standard* tardus, -a, -um, *slow* vindico, -are, -avi, -atus, *to punish* 9.5 agito, -are, -avi, -atus, *to control* benefactum, -i, n., *good deed* ignosco, -ere, ignovi, ignotus, *to forgive* imperium, -i, n., *state* metus, -ūs, m., *fear* pax, pacis, f., *peace* persequor, persequi, persecutus sum, *to attack* vero, *truly*	curabant. 4 Quarum rerum ego maxuma documenta haec habeo, quod in bello saepius vindicatum est in eos, qui contra imperium in hostem pugnaverant quique tardius revocati proelio excesserant, quam qui signa relinquere aut pulsi loco cedere ausi erant; 5 in pace vero, quod beneficiis magis quam metu imperium agitabant et accepta iniuria ignoscere quam persequi malebant.

IB HL Livy Passages

VOCABULARY	**Livy, *Ab Urbe Condita* III.44-48**
44.1 aliud, -a, aliud, *another* amitto, -ere, amisi, amissus, *to lose* caedis, -is, f., *slaughter* eventus, -ūs, m., *outcome* expello, -ere, expuli, expulsus, *to expel* foedus, -a, -um, *foul* haud minus, *no less* idem, eadem, idem, *the same* libido, libidinis, f., *lust* nefas, undecl., *outrage* orior, ori, ortus sum, *to be born* solum, *only* stuprum, -i, n., *rape* 44.2 stupro, -are, -avi, -atus, *to violate, rape* 44.3 exemplum, -i, n., *example* honestus, -a, -um, *distinguished* ducere ordinem, *to command a century* rectus, -a, -um, *proper* 44.4 instituo, -ere, -i, -tus, *to bring up* perinde, *in the same way* 44.5 acer, acris, *keen* despondeo, -ēre, -i, desponsus, *to betroth* expertus, -a, -um, *well-proved* tribunicius, -i, m., *former tribune*	[44] 1 Sequitur aliud in urbe nefas, ab libidine ortum, haud minus foedo eventu quam quod per stuprum caedemque Lucretiae urbe regnoque Tarquinios expulerat, ut non finis solum idem decemviris qui regibus sed causa etiam eadem imperii amittendi esset. 2 Ap. Claudium virginis plebeiae stuprandae libido cepit. 3 Pater virginis, L. Verginius, honestum ordinem in Algido ducebat, vir exempli recti domi militiaeque. 4 Perinde uxor instituta fuerat liberique instituebantur. 5 Desponderat filiam L. Icilio tribunicio, viro acri et pro causa plebis, expertae virtutis.

37

44.6 adorior, -iri, adortus sum, *to begin* adultus, -a, -um, *grown* amens, amentis, *out of one's mind* animadverto, -ere, -i, animadversus, *to notice* converto, -ere, -i, conversus, *to turn* forma, -ae, f., *beauty* perlicio, -ere, perlexi, perlectus, *to seduce* pretium, -i, n., *money* pudor, -is, m., *modesty* saepio, -ire, saepsi, saeptus, *to close off* superbus, -a, -um, *arrogant* vis, vis, f., *force, violence* 44.7 adsero, -ere, -ui, -tus, *to claim* cedo, -ere, cessi, cessus, *to yield* iniuria, -ae, f., *wrong-doing* negotium, -i, n., *job* postulo, -are, avi, -atus, *to demand* reor, reri, ratus sum, *to think* secundus, -a, -um, *favorable* vindicia, -ae, f., *interim possession* 44.8 abstraho, -ere, abstraxi, abstractus, *to drag away* appello, -are, -avi, -atus, *to call* cuncto, -are, -avi, -atus, *to delay* inicio, -ere, inieci, iniectus, *to put on* libido, libidinis, f., *lust* litterarum ludi, *elementary school* tabernaculum, -i, n., *tent* vis, vis, f., *force*	6 Hanc virginem adultam forma excellentem Appius amore amens pretio ac spe perlicere adortus, postquam omnia pudore saepta animadverterat, ad crudelem superbamque vim animum convertit. 7 M. Claudio clienti negotium dedit, ut virginem in servitutem adsereret neque cederet secundum libertatem postulantibus vindicias, quod pater puellae abesset locum iniuriae esse ratus. 8 Virgini venienti in forum— ibi namque in tabernaculis litterarum ludi erant— minister decemviri libidinis manum iniecit, serva sua natam servamque appellans, sequique se iubebat: cunctantem vi abstracturum.

44.9 concursus, -ūs, m., *crowd* fio, fieri, factus sum, *to be made* implore, -are, -avi, -atus, *to appeal to* nutrix, nutricis, f., *nurse* pavidus, -a, -um, *terrified* popularis, -is, m., *people* sponsus, -i, m., *fiancé* stupeo, -ēre, -ui, *to be astounded* 44.10 concilio, -are, -avi, -atus, *to stir up* gratia, -ae, f., *clout* indignitas, indignitatis, f., *vileness* noti, -orum, m.pl., *friends* turba, -ae, f., *crowd* 44.11 adsertor, -is, m., *one asserting status of another* concito, -are, -avi, -atus, *to stir up* grassor, -ari, -atus sum, *to proceed* ius, iuris, n., *law* opus esse + abl, *to need* tutus, -a, -um, *safe* vis, vis, f., *force* 44.12 ius, iuris, n., *court* 44.13 auctor esse, *to advise* pervenio, -ire, -i, -tus, *to arrive* tribunal, -is, n., *judgment seat* 44.14 apud, *in advance* auctor, -is, m., *author* iudex, iudicis, m., *judge* notus, -a, -um, *known* perago, -ere, -egi, -actus, *to finish* petitor, -is, m., *plaintiff* quippe, *since of course*	9 Pavida puella stupente, ad clamorem nutricis fidem Quiritium implorantis fit concursus; Vergini patris sponsique Icili populare nomen celebrabatur. 10 Notos gratia eorum, turbam indignitas rei virgini conciliat. 11 Iam a vi tuta erat, cum adsertor nihil opus esse multitudine concitata ait; se iure grassari, non vi. 12 Vocat puellam in ius. 13 Auctoribus qui aderant ut sequerentur, ad tribunal Appi perventum est. 14 Notam iudici fabulam petitor, quippe apud ipsum auctorem argumenti, peragit:

aequus, -a, -um, *fair* compertus, -a, -um, *proved* furtum, -i, n., *theft* inde, *from there* indicium, -i, n., *evidence* interim, *meanwhile* iudex, iudicis, m., *judge* nascor, nasci, natus sum, *to be born* pertineo, -ēre, -ui, *to reach* probo, -are, -avi, -atus, *to prove* suppono, -ere, supposui, suppositus, *to place under* vel, *even* 44.15 adsum, -esse, -fui, -futurus, *to be present* adventus, -ūs, m., *arrival* advocatus, -i, m., *supporter* biduum, -i, n., *two days* differo, -ferre, distuli, dilatus, *to put off* dimico, -are, -avi, -atus, *to fight* fama, -ae, f., *reputation* iniquus, -a, -um, *unjust* integer, integra, integrum, *untouched* lex, legis, f., *law* neu, *and not* nuntio, -are, -avi, -atus, *to announce* patior, pati, passus sum, *to allow* postulo, -are, -avi, -atus, *to demand* priusquam, *before* secundus, -a, -um, *favorable* vindicia, -ae, f., *interim possession*	puellam domi suae natam furtoque inde in domum Vergini translatam suppositam ei esse; id se indicio compertum adferre probaturumque vel ipso Verginio iudice, ad quem maior pars iniuriae eius pertineat; interim dominum sequi ancillam aequum esse. 15 Advocati puellae, cum Verginium rei publicae causa dixissent abesse, biduo adfuturum si nuntiatum ei sit, iniquum esse absentem de liberis dimicare, postulant ut rem integram in patris adventum differat, lege ab ipso lata vindicias det secundum libertatem, neu patiatur virginem adultam famae prius quam libertatis periculum adire.

45.1 ceterum, *but* 　decretum, -i, n., *decision* 　faveo, -ēre, favi, fautus (+dat), *to favor* 　fore = futurum esse 　ita, *thus* 　lex, legis, f., *law* 　postulans, postulantis, f., *claim* 　praefor, -ari, -atus sum, *to say before* 　praesidium, -i, *protection* 　praetendo, -ere, -i, praetentus, *to give as a pretext* 45.2 adsero, -ere, -ui, -tus, *to assert* 　ago, -ere, egi, actus, *to bring a case* 　alius, -a, aliud, *else* 　cedo, -ere, cessi, cessus, *to yield* 　ius, iuris, n., *law* 　lex, legis, f., *law* 　nemo, neminis, m., *no one* 　quia, *because* 　quivis, *anyone* 45.3 adsertor, -is, m., *one asserting status of another* 　adventus, -ūs, m., *arrival* 　arcesso, -ire, -ivi, -itus, *to summon* 　iactura, -ae, f., *loss, sacrifice* 　interea, *meanwhile* 　itaque, *thus* 　ius, iuris, n., *right* 　placet, *it is decided* 　promitto, -ere, promisi, promissus, *to promise* 　quin, *but that* 　sisto, -ere, stiti, status, *to produce in court*	[45] 1 Appius decreto praefatur quam libertati faverit eam ipsam legem declarare quam Vergini amici postulationi suae praetendant; ceterum ita in ea firmum libertati fore praesidium, si nec causis nec personis variet. 2 In iis enim qui adserantur in libertatem, quia quivis lege agere possit, id iuris esse: in ea quae in patris manu sit, neminem esse alium cui dominus possessione cedat. 3 Placere itaque patrem arcessiri; interea iuris sui iacturam adsertorem non facere quin ducat puellam sistendamque in adventum eius qui pater dicatur promittat.

41

45.4 adversus (+acc), *against*
    ait, *he said*
    avus, -i, m., *grandfather*
    decerno, -ere, decrevi, decretus, *to decide*
    decretum, -i, n., *decree*
    fremo, -ere, -ui, -itus, *to murmur*
    iniuria, -ae, f., *injustice*
    interventus, -ūs, m., *arrival*
    magis, *more*
    maxime, *especially*
    quisquam, *anyone*
    recuso, -are, -avi, -atus, *to object*
    sponsus, -i, m., *fiancé*
    submoveo, -ēre, -i, submotus, *to ward off*
    vociferor, -ari, -atus sum, *to shout*
45.5 accendo, -ere, -i, accensus, *to enflame*
    atrox, atrocis, *cruel*
    ingenium, -i, n., *nature*
    placidus, -a, -um, *gentle*
    quoque, *even*
    tam, *so*
45.6 celo, -are, -avi, -atus, *to conceal*
    hinc, *from here*
    tacitus, -a, -um, *quiet*
45.7 ducturus (in matrimonium)
    nupta, -ae, f., *bride*
    pudicus, -a, -um, *chaste*
45.8 collega, -ae, m., *colleague*
    expedio, -ire, -ivi, -itus, *to make ready*
    proinde, *so*
    securis, -is, f., *ax*
    sponsa, -ae, f., *fiancé*
    virga, -ae, f., *rod*
	4 Adversus iniuriam decreti cum multi magis fremerent quam quisquam unus recusare auderet, P. Numitorius puellae avus et sponsus Icilius interveniunt; dataque inter turbam via, cum multitudo Icili maxime interventu resisti posse Appio crederet, lictor decresse ait vociferantemque Icilium submovet. 5 Placidum quoque ingenium tam atrox iniuria accendisset. 6 'Ferro hinc tibi submovendus sum, Appi' inquit, 'ut tacitum feras quod celari vis. 7 Virginem ego hanc sum ducturus nuptamque pudicam habiturus. 8 Proinde omnes collegarum quoque lictores convoca; expediri virgas et secures iube; non manebit extra domum patris sponsa Icili.

45.9 adimo, -ere, ademi, ademptus, *to deprive* arx, arcis, f., *citadel* ideo, *therefore* provocatio, provocationis, f., *challenge* regnum, -i, n., *power* tribunicius, -a, -um, *of a tribune* tueor, -ēri, tutus sum, *to protect* 45.10 cervix, cervicis, f., *neck* pudicitia, -ae, f., *chastity* saevio, -ire, -ivi, -itus, *to rage* saltem, *at least* tergum, -i, n., *back* tutus, -a, -um, *safe* 45.11 caedis, -is, f., *murder* iste, ista, istud, *that* refero, -ferre, -tuli, -latus, *to repeat* unicus, -a, -um, *only* unquam, *ever* vis, vis, f., *force* 45.12 considero, -are, -avi, -atus, *to consider closely* etiam atque etiam, *again and again* postulo, -are, -avi, -atus, *to ask* progredior, progredi, progressus sum, *to go* quo, *to where* 45.13 ago, -ere, egi, actus, *to do* cedo, -ere, cessi, cessus, *to yield* condicio, condicionis, f., *marriage contract* quaero, -ere, quaesivi, quaesitus, *to seek* tantum, *only* vindicia, -ae, f., *interim possession*	9 Non, si tribunicium auxilium et provocationem plebi Romanae, duas arces libertatis tuendae, ademistis, ideo in liberos quoque nostros coniugesque regnum vestrae libidini datum est. 10 Saevite in tergum et in cervices nostras: pudicitia saltem in tuto sit. 11 Huic si vis adferetur, ego praesentium Quiritium pro sponsa, Verginius militum pro unica filia, omnes deorum hominumque implorabimus fidem, neque tu istud unquam decretum sine caede nostra referes. 12 Postulo, Appi, etiam atque etiam consideres quo progrediare. 13 Verginius viderit de filia ubi venerit quid agat; hoc tantum sciat: sibi si huius vindiciis cesserit, condicionem filiae quaerendam esse.

45.14 citus, -a, -um, *quickly* desero, -ere, -ui, -tus, *to leave* vindico, -are, -avi, -atus, *to claim* 46.1 certamen, certaminis, n., *fight* concito, -are, -avi, -atus, *to stir up* insto, -are, institi, *to be imminent* 46.2 inquietus, -a, -um, *restless* mina, -ae, f., *threat* seditio, seditionis, f., *riot* spiro, -are, -avi, -atus, *to breathe* tribunatus, -ūs, m., *tribuneship* ultra, *further than* 46.3 decedo, -ere, decessi, decessus, *to withdraw* decretum, -i, n., *legal decision* desum, -esse, -fui, -futurus, *to be lacking* interpono, -ere, -posui, -positus, *to introduce* is, ea, id, *that* ius, iuris, n., *judgment* materia, -ae, f., *occasion* petulentia, -ae, f., *boisterous aggressiveness* praebeo, -ēre, -ui, -itus, *to provide*	14 Me vindicantem sponsam in libertatem vita citius deseret quam fides.' [46] 1 Concitata multitudo erat certamenque instare videbatur. 2 Lictores Icilium circumsteterant; nec ultra minas tamen processum est, cum Appius non Verginiam defendi ab Icilio, sed inquietum hominem et tribunatum etiam nunc spirantem locum seditionis quaerere diceret. 3 Non praebiturum se illi eo die materiam, sed, ut iam sciret non id petulantiae suae sed Verginio absenti et patrio nomini et libertati datum, ius eo die se non dicturum neque decretum interpositurum: a M. Claudio petiturum ut decederet iure suo

44

auctor, -is, m., *originator* coerceo, -ēre, -ui, -itus, *to repress* collega, -ae, f., *colleague* constantia, -ae, f., *pesistance* denuntio, -are, -avi, -atus, *to give notice* fore = futurum esse lator, -is, m., *proposer* lex, legis, f., *law* patior, pati, passus sum, *to allow* posterus, -a, -um, *next* seditio, -nis, f., *riot* utique, *at any rate* vindico, -are, -avi, -atus, *to claim* 46.4 accio, -ire, -ivi, -itus, *to fetch* adcelero, -are, -avi, -atus, *to hurry* advocatus, -i, m., *supporter* castra, -orum, n.pl., *camp* differo, -re, distuli, dilatus, *to put off* impiger, impigra, -um, *active* inde, *from there* iniuria, -ae, f., *wrongdoing* pergo, -ere, perrexi, perrectus, *to proceed* placet, *it is decided* posterus, -a, -um, *next* praesto, *at hand* quantum, *as much as* recta, *directly* salus, salutis, f., *safety* secedo, -ere, secessi, secessus, *to withdraw* verto, -ere, -i, versus, *to turn* vindex, vindicis, m., *protector*	vindicarique puellam in posterum diem pateretur; quod nisi pater postero die adfuisset, denuntiare se Icilio similibusque Icili neque legi suae latorem neque decemviro constantiam defore; nec se utique collegarum lictores convocaturum ad coercendos seditionis auctores: contentum se suis lictoribus fore. 4 Cum dilatum tempus iniuriae esset secessissentque advocati puellae, placuit omnium primum fratrem Icili filiumque Numitori, impigros iuvenes, pergere inde recta ad portam, et quantum adcelerari posset Verginium acciri e castris; in eo verti puellae salutem, si postero die vindex iniuriae ad tempus praesto esset.

46.5 citatus, -a, -um, *at a full gallop* 　pergo, -ere, perrexi, perrectus, *to proceed* 46.6 adsertor, -is, m., *one asserting status of another* 　insto, -are, institi, *to be insistent* 　iter praecipere, *to get a head start* 　ostendo, -ere, -i, ostensus, *to show* 　quisque, *each man* 　sedulo, *carefully* 　spondeo, -ēre, spopondi, sponsus, *to vouch for* 　sponsor, -is, m., *surety* 　terreo, -ēre, -ui, -itus, *to waste* 　tollo, -ere, sustuli, sublatus, *to lift* 　undique, *on all sides* 　vindico, -are, -avi, -atus, *to claim* 46.7 crastinus, -a, -um, *of tomorrow* 　gratus, -a, -um, *pleasing* 　lacrimabundus, -a, -um, *breaking into tears* 　opera, -ae, f., *aid* 　sponsor, -is, m., *surety* 　utor, uti, usus sum (+abl), *to use* 46.8 propinquus, -i, m., *relative* 　spondeo, -ēre, spopondi, sponsus, *to give surety* 　vindico, -are, -avi, -atus, *to claim*	5 Iussi pergunt citatisque equis nuntium ad patrem perferunt. 6 Cum instaret adsertor puellae ut vindicaret sponsoresque daret, atque id ipsum agi diceret Icilius, sedulo tempus terrens dum praeciperent iter nuntii missi in castra, manus tollere undique multitudo et se quisque paratum ad spondendum Icilio ostendere. 7 Atque ille lacrimabundus 'gratum est' inquit; 'crastina die vestra opera utar; sponsorum nunc satis est.' 8 Ita vindicatur Verginia spondentibus propinquis.

46.9 castra, -orum, n.pl., *camp* causa, -ae, f., *case* collega, -ae, f., *colleague* commeatus, -ūs, m., *leave* is, ea, id, *this* moror, -ari, -atus sum, *to delay* omitto, -ere, -misi, -missus, *to disregard* paulisper, *for a short time* prae (+abl), *because of* recipio, -ere, -cepi, -ceptus, *to take back* 46.10 commeatus, -ūs, m., *leave* consilium, -i, n., *plan* debet, *it should be* eo, *to that place* improbus, -a, -um, *wicked* mane, *early in the day* nequiquam, *in vain* posterus, -a, -um, *next* reddo, -ere, -idi, -itus, *to deliver* retineo, -ēre, -ui, retentus, *to hold back* serus, -a, -um, *late* sumo, -ere, sumpsi, sumptus, *to begin* vigilia, -ae, f., *night watch* 47.1 advocatio, -nis, f., *crowd of supporters* aliquot, *several* comitor, -ari, -atus sum, *to accompany* ingens, ingentis, *huge* obsoletus, -a, -um, *worn out* sordidatus, -a, -um, *in dirty clothes*	9 Appius paulisper moratus ne eius rei causa sedisse videretur, postquam omissis rebus aliis prae cura unius nemo adibat, domum se recepit collegisque in castra scribit, ne Verginio commeatum dent atque etiam in custodia habeant. 10 Improbum consilium serum, ut debuit, fuit et iam commeatu sumpto profectus Verginius prima vigilia erat, cum postero die mane de retinendo eo nequiquam litterae redduntur. [47] 1 At in urbe prima luce cum civitas in foro exspectatione erecta staret, Verginius sordidatus filiam secum obsoleta veste comitantibus aliquot matronis cum ingenti advocatione in forum deducit.

47.2 acies, -ei, f., *line of battle* coepio, -ere, -i, coeptus, *to begin* cottidie, *everyday* debitum, -i, n., *one's due* ibi, *then* incolumis, -e, *safe* ops, opis, f., *help* oro, -are, -avi, -atus, *to beg* patior, pati, passus sum, *to suffer* plus, pluris, *more* precarius, -a, -um, *dependent on one's will* prenso, -are, -avi, -atus, *to sollicit* pro (+abl), *for* pro (+acc), *as* prosum, -esse, -fui, -futurus, *to be good* solum, *only* ultimus, -a, -um, *the most* 47.3 contionabundus, -a, -um, *delivering a public speech* 47.4 iacto, -are, -avi, -atus, *to throw out, discuss* 47.5 comitatus, -ūs, m., *crowd* flctus, -ūs, m., *tears* plus, pluris, *more* tacitus, -a, -um, *silent* ullus, -a, -um, *any* 47.6 adversus (+acc), *against* amentia, -ae, f., *madness* escendo, -ere, -i, escensus, *to go up* obstinatus, -a, -um, *determined* tantus, -a, -um, *so great* tribunal, -is, n., *judgment seat* turbo, -are, -avi, -atus, *to agitate* vere, *rightly* vis, -is, f., *strength*	2 Circumire ibi et prensare homines coepit et non orare solum precariam opem, sed pro debita petere: se pro liberis eorum ac coniugibus cottidie in acie stare, nec alium virum esse cuius strenue ac ferociter facta in bello plura memorari possent: quid prodesse si, incolumi urbe, quae capta ultima timeantur liberis suis sint patienda? 3 Haec prope contionabundus circumibat homines. 4 Similia his ab Icilio iactabantur. 5 Comitatus muliebris plus tacito fletu quam ulla vox movebat. 6 Adversus quae omnia obstinato animo Appius—tanta vis amentiae verius quam amoris mentem turbaverat—in tribunal escendit,

et ultro querente pauca petitore quod ius sibi pridie per ambitionem dictum non esset, priusquam aut ille postulatum perageret aut Verginio respondendi daretur locus, Appius interfatur. 7 Quem decreto sermonem praetenderit, forsan aliquem verum auctores antiqui tradiderint: quia nusquam ullum in tanta foeditate decreti veri similem invenio, id quod constat, nudum videtur proponendum, decresse vindicias secundum servitutem. 8 Primo stupor omnes admiratione rei tam atrocis defixit; silentium inde aliquamdiu tenuit.

---

ambitio, -nis, f., *favoritism*
interfor, -ari, -atus sum, *to interrupt*
ius, iuris, n., *right*
pauci, -ae, -a, *few*
perago, -ere, -egi, -actus, *to finish*
petitor, -is, m., *plaintiff*
postulatum, -i, n., *demand*
pridie, *on the day before*
queror, queri, questus sum, *to complain*
ultro, *beyond*

47.7 aliquis, *something*
auctor, -is, m., *historian*
constat, *it is agreed*
decretum, -i, n., *decree*
foeditas, foeditatis, f., *shame*
forsan, *perhaps*
invenio, -ire, -i, -tus, *to find*
nudus, -a, -um, *naked*
nusquam, *nowhere*
praetendo, -ere, -i, praetentus, *to stretch before*
propono, -ere, -posui, -positus, *to put forward*
quia, *since*
secundum (+acc), *alongside*
sermo, -nis, m., *discussion*
tantus, -a, -um, *so great*
ullus, -a, -um, *any*
verum, *truly*
verus, -a, -um, *well-founded*
vindicia, -ae, f., *interim possession*

47.8 admiratio, -nis, f., *astonishment*
aliquamdiu, *for some time*
atrox, atrocis, *heinous*
defigo, -ere, defixi, defixus, *to dumbfound*
inde, *then*
stupor, -is, m., *stupefaction*
tam, *so*

47.9 comploratio, -nis, f., *mourning* despondeo, -ēre, -i, desponsus, *to betroth* educo, -are, -avi, -atus, *to bring up* excipio, -ere, excepi, exceptus, *to follow* intento, -are, -avi, -atus, *to point in a threatening manner* lamentabilis, -e, *sad* nuptiae, -arum, f.pl., *marriage* prehendo, -ere, -i, prehensus, *to seize* stuprum, -i, n., *rape* 47.10 concubitus, -ūs, m., *sex* fera, -ae, f., *wild animal* pecus, pecudis, f., *sheep* placet, *it is pleasing* promisce, *promiscuously* ritus, -ūs, m., *manner* ruo, -ere, -i, -tus, *to rush* 47.11 iste, ista, istud, *that, they* patior, pati, passus sum, *to allow* spero, -are, -avi, -atus, *to hope* 47.12 adsertor, -is, m., *one asserting status of another* advocatus, -i, m., *supporter* globus, -i, m, *crowd* praeco, -nis, m., *herald* repello, -ere, reppuli, repulsus, *to drive back*	9 Dein cum M. Claudius, circumstantibus matronis, iret ad prehendendam virginem, lamentabilisque eum mulierum comploratio excepisset, Verginius intentans in Appium manus, 'Icilio' inquit, 'Appi, non tibi filiam despondi et ad nuptias, non ad stuprum educavi. 10 Placet pecudum ferarumque ritu promisce in concubitus ruere? 11 Passurine haec isti sint nescio: non spero esse passuros illos qui arma habent.' 12 Cum repelleretur adsertor virginis a globo mulierum circumstantiumque advocatorum, silentium factum per praeconem.

48.1 alienor, -ari, -atus sum, *to be insane* certus, -a, -um, *certain* coetus, -ūs, m., *meeting* comperior, -iri, -tus sum, *to learn* convicium, -i, n., *noise* hesternus, -a, -um, *yesterday's* indicium, -i, n., *information* libidio, libidinis, f., *lust* nego, -are, -avi, -atus, *to say...not* seditio, -nis, f., *riot* tantum, *only* testis, -is, m., *witness* 48.2 armatus, -a, -um, *armed* civitas, civitatis, f., *state* coerceo, -ēre, -ui, -itus, *to restrain* dimicatio, -nis, f., *fight* haud, *not* imperium, -i, n., *authority, office* inscius, -a, -um, *unaware* itaque, *and so* maiestas, maiestatis, f., *dignity* otium, -i, n., *peace* pro (+abl), *according to* quietus, -a, -um, *peaceful* quisquam, *anyone* turbo, -are, -avi, -atus, *to disturb* violo, -are, -avi, -atus, *to dishonor* 48.3 proinde, *so then* quiesco, -ere, quievi, quietus, *to be quiet* 48.4 mancipium, -i, n., *possession, slave* prehendo, -ere, -i, prehensus, *to seize* submoveo, -ēre, -i, -tus, *to remove*	[48] 1 Decemvir alienatus ad libidinem animo negat ex hesterno tantum convicio Icili violentiaque Vergini, cuius testem populum Romanum habeat, sed certis quoque indiciis compertum se habere nocte tota coetus in urbe factos esse ad movendam seditionem. 2 Itaque se haud inscium eius dimicationis cum armatis descendisse, non ut quemquam quietum violaret, sed ut turbantes civitatis otium pro maiestate imperii coerceret. 3 'Proinde quiesse erit melius. 4 I,' inquit, 'lictor, submove turbam et da viam domino ad prehendendum mancipium.'

48.5 dimoveo, -ēre, -i, -tus, *to part* iniuria, -ae, f., *injustice* intono, -are, -ui, -atus, *to thunder* plenus, -a, -um, *full* praeda, -ae, f., *prey* spons, spontis, f., *free will* 48.6 aequus, -a, -um, *content* coram (+abl), *in the presence of* discedo, -ere, discessi, discessus, *to depart* dolor, -is, m., *grief* falso, *falsely* hinc, *from here* ignosco, -ere, ignovi, ignotus, *to forgive* inclemens, inclementis, *harsh* inveho, -ere, -vexi, -vectus, *to carry* nutrix, nutricis, f., *nurse* percontor, -ari, -atus sum, *to ask* quaeso, -ere, *to beg* quo, *in any way* sino, -ere, sivi, situs, *to allow* usquam, *anywhere* 48.7 arripio, -ere, -ui, -tus, *to snatch* cultrum, -i, n., *knife* ibi, *there* lanius, -i, m., *butcher* modus, -i, m., *way* novus, -a, -um, *new* seduco, -ere, -duxi, -ductus, *to lead away* venia, -ae, f., *permission* vindico, -are, -avi, -atus, *to claim*	5 Cum haec intonuisset plenus irae, multitudo ipsa se sua sponte dimovit desertaque praeda iniuriae puella stabat. 6 Tum Verginius ubi nihil usquam auxilii vidit, 'quaeso' inquit, 'Appi, primum ignosce patrio dolori, si quo inclementius in te sum invectus; deinde sinas hic coram virgine nutricem percontari quid hoc rei sit, ut si falso pater dictus sum aequiore hinc animo discedam.' 7 Data venia seducit filiam ac nutricem prope Cloacinae ad tabernas, quibus nunc Novis est nomen, atque ibi ab lanio cultro arrepto, 'hoc te uno quo possum' ait, 'modo, filia, in libertatem vindico.'

48.8 consecro, -are, -avi, -atus, *to curse* respecto, -are, -avi, -atus, *to look back* sanguis, sanguinis, m., *blood* transfigo, -ere, -fixi, -fixus, *to pierce* tribunal, -is, n., *judgment seat* 49.9 atrox, atrocis, *dreadful* comprehendo, -ere, -i, comprehensus, *to seize* facinus, facinoris, n., *deed* orior, -i, -tus sum, *to rise* tam, *so* 49.10 donec, *while* pergo, -ere, perrexi, perrectus, *to proceed* prosequor, -i, prosecutus sum, *to escort* quacumque, *wherever* tueor, -ēri, tutus sum, *to protect* 49.11 deploro, -are, -avi, -atus, *to mourn for* exsanguis, -e, *bloodless* infelix, infelicis, *unlucky* ostendo, -ere, -i, ostentus, *to show* scelus, sceleris, n., *crime* tollo, -ere, sustuli, sublatus, *to raise* 49.12 clamito, -are, -avi, -atus, *to cry out* is, ea, id, *this* praemium, -i, n., *prize* pudicitia, -ae, f., *chastity* 49.13 ceteri, -ae, -a, *other* eo...magis, *all the more* imbecillus, -a, -um, *weak* maestus, -a, -um, *sad* queror, -i, questus sum, *to complain* talis, -e, *such*	8 Pectus deinde puellae transfigit, respectansque ad tribunal 'te' inquit, 'Appi, tuumque caput sanguine hoc consecro.' 9 Clamore ad tam atrox facinus orto excitus Appius comprehendi Verginium iubet. 10 Ille ferro, quacumque ibat, viam facere, donec multitudine etiam prosequentium tuente ad portam perrexit. 11 Icilius Numitoriusque exsangue corpus sublatum ostentant populo; scelus Appi, puellae infelicem formam, necessitatem patris deplorant. 12 Sequentes clamitant matronae, "eamne liberorum procreandorum condicionem, ea pudicitiae praemia esse?" 13 — cetera, quae in tali re muliebris dolor, quo est maestior imbecillo animo, eo miserabilia magis querentibus subicit.

53

| 49.14 eripio, -ere, -ui, ereptus, *to take away*
indignatio, -nis, f., *anger*
maxime, *especially*
potestas, potestatis, f., *power*
provocatio, -nis, f., *right to appeal*
publicus, -a, -um, *of the people*
tribunicius, -a, -um, *of a tribune* | 14 Virorum et maxime Icili vox tota tribuniciae potestatis ac provocationis ad populum ereptae publicarumque indignationum erat. |

Printed in Great Britain
by Amazon